Christine Klose wurde am 27. Januar 1963 in Bielefeld geboren und lebt heute immer noch in Bielefeld.

Als Selbstständige arbeitet die Autorin im Bereich der Floristik (planen und organisieren der Betriebsabläufe).

Dank ihrer Selbstständigkeit verfügt sie auch über fundierte Kenntnisse in verschiedenen friedhofsgärtnerischen, einzelhandels- und bürotechnischen Bereichen sowie im Bestattungsbereich.

Orientalische Rezepte
Kulinarische Köstlichkeiten
aus 1001 Nacht
Text: © 2014 Jutta Schütz

Hören wir das Wort „Orient", verbinden wir es stark mit arabischen Ländern, orientalischem Essen und Tanz. Die orientalische Küche hat auch bei uns viele Anhänger gefunden. Das ist kein Wunder, schließlich sorgen die unterschiedlichen Gewürze und Geschmacksrichtungen für ordentliche Abwechslung auf dem Speiseplan.

❖ Wissenswertes über den Orient:
Der Orient zieht sich fast um den halben Globus und umfasst den Nordafrikanischen Raum, den Nahen Osten und den Mittleren Osten. Die drei Weltreligionen, Christen- und Judentum und der Islam haben ihre Ursprünge im Orient.

❖ Zu den orientalischen Ländern zählen:
Afghanistan, Algerien, Ägypten, Bahrain, Iran, Irak, Israel, Jemen, Jordanien, Katar, Kuwait, Libanon, Libyen, Marokko, Mauretanien, Oman, Pakistan, Palästina, Saudi-Arabien, Somalia, Syrien, Sudan, Tunesien, Türkei, Vereinigte Arabische Emirate.

❖ Mit ihren Gerüchen von:
Safran, Cayennepfeffer, Zimt, Kurkuma und Koriander ist die orientalische Küche ein wahres Feuerwerk für unsere Sinne. Es werden Mandeln, Feigen, Datteln, Pistazien und Hülsenfrüchte angebaut. Bohnen, Linsen, und Kichererbsen dienen als Grundnahrungsmittel. Die orientalische Küche ist einfach märchenhaft.

Feurige Gewürze, der Duft von orientalischen Gewürzen sowie geschmortes Fleisch und Gemüse zaubern einen Hauch von „1001 Nacht".

Die Erzählungen von 1001 Nacht sind weit mehr als nur Märchen für Kinder

Text: © 2014 Jutta Schütz

Die Geschichte von „Scheherazade" basiert auf einer alten persischen Märchensammlung mit dem Namen „Hezâr Afsâna, Tausend Mythen".

Das Märchen von 1001 Nacht ist eine Rahmengeschichte, in die Einzelerzählungen verwoben sind. Die Hauptfiguren sind die Geschichtenerzählerin Scheherazade, und der grausame König Schariyar.

Schariyar, der von seiner Frau mit einem schwarzen Sklaven betrogen wurde, fasst den Entschluss, sich nie wieder von einer Frau betrügen zu lassen. Aus diesem Grunde heiratet er jede Nacht eine Jungfrau seines Reiches, die er am nächsten Tag töten lässt.
Auch Scheherazade ist vom König zum Tode verurteilt worden.
Sie beginnt in der Nacht dem König eine Geschichte zu erzählen, deren Handlung im Morgengrauen abbricht.
Neugierig auf das Ende geworden, lässt der König sie am Leben und verschiebt die Hinrichtung.
Scheherazade wird dabei von ihrer Schwester Dinharazade unterstützt, die sich neue Geschichten ausdenkt.

Dieses Spiel wiederholt sich 1001 Nächte lang, bis der König ein Einsehen hat. In dieser Zeit gebärt Scheherazade dem König drei Kinder.
Am Ende ist der König von der Klugheit und Treue seiner Frau überzeugt und lässt sie am Leben.

© 2019 Christine Klose

© 2019 Herstellung und Verlag:
BoD – Books on Demand, Norderstedt

© 2019 Buch-Idee (© 2014),
Umschlaggestaltung, Illustration, Satz:
Jutta Schütz
Webseite: www.jutta-schuetz-autorin.de
E-Mail: info.jschuetz@googlemail.com

ISBN: 9783749484942

Bibliografische Information der Deutschen Nationalbibliothek:
Die Deutsche Nationalbibliothek verzeichnet diese Publikation in der Deutschen Nationalbibliografie; detaillierte bibliografische Daten sind im Internet über http://dnb.d-nb.de abrufbar.

Christine Klose

SCHEHERAZADES
Salate, Fleisch & Wurst

Ein Hauch von 1001 Nacht

Inhaltsverzeichnis
(Alle Rezepte für 2 Personen)

Kümmel-Weißkohl mit Merguez

Zutaten:

½ Kopf Weißkohl

250 g Merguez-Würste

½ TL Salz

2 Prisen Pfeffer

½ TL Kreuzkümmel

1 EL Sesam

1 TL Sambal Oelek

3 EL Mayonnaise

3 EL Sonnenblumenöl

2 EL Zitronensaft

2 Möhren (klein raspeln)

1 EL klein geschnittene Apfelstücke

Zubereitung: Den Weißkohl in dünne Streifen schneiden. Merguez in kleine Stücke schneiden. Pfanne heiß werden lassen und die Merguez darin anbraten, die Gewürze hinzu geben, anschließend die Streifen Weißkohl hinein geben. Zum Schluss den Apfel. Alles zirka 30 Minuten ziehen lassen. Mit dem Sesam bestreuen.

Info: Die Merguez ist eine scharf gewürzte Hackfleisch-Bratwurst und wird aus Lammfleisch hergestellt.

Rucola mit Tomaten

Zutaten:

2 Merguez-Würste

2 Avocado

2 Rucola

10 Cocktailtomaten

200 g geriebenen Parmesan

3 EL Sonnenblumenkerne

2 EL Balsamico-Essig

½ TL Senf

2 EL Olivenöl

4 EL Sahne

1 TL Salz

½ TL Pfeffer

1 TL Sambal Oelek

Zubereitung: Merguez-Würste in dünne Scheiben schneiden und in einer Pfanne leicht braten. Zur Seite stellen. Rucola waschen und in kleine Stücke zupfen. Avocado schälen, entkernen würfeln. Tomaten waschen, Kerne entfernen und in Viertel schneiden. Sonnenblumenkerne ohne Zugabe von Fett rösten und abkühlen lassen. Balsamico-Essig, Olivenöl, Senf, Sahne zu einer Soße verrühren und mit Salz und Pfeffer würzen. Rucola, Avocado und Tomaten in eine Schüssel geben und die Soße unterheben. Mit Sonnenblumenkernen und Käse garnieren. Zum Schluss die Merguez auf den Salat legen.

Apfel-Orangen-Salat

Zutaten:

2 Rucola

5 Scheiben Weißbrot

1 EL Butter

1 und ½ Orange

1 kleine Gemüsezwiebel

1 saurer Apfel

2 EL Schnittlauch

3 Prisen Salz

2 Prisen Pfeffer

2 Prisen Zimt

2 EL Olivenöl

Zubereitung: Weißbrot vorrösten, in Würfel schneiden und mit der Butter in einer Pfanne rösten. Zur Seite stellen. Rucola waschen und auf 2 Tellern verteilen. Zwiebel in kleine Würfel schneiden. Apfel schälen, in kleine Würfel schneiden. Pfanne heiß werden lassen, das Öl dazu geben und die Zwiebel glasig werden lassen. Den Apfel dazu geben, mit den Gewürzen und Kräutern würzen. Zirka 5 Minuten dünsten. Orange schälen, klein würfeln und in die Pfanne geben, kurz umrühren und auf dem Salat verteilen. Zum Schluss die Croutons darüber streuen.

Nuss-Möhren-Käse-Salat

Zutaten:

3 kleine Möhren

200 g Ziegenkäse

1 TL Sambal Oelek

3 EL gehackte Walnüssen

2 EL Nussöl

2 EL Balsamicoessig

1 EL Zitronensaft

3 Prisen Salz

2 Prisen Pfeffer

½ TL Currypulver

2 EL rote Beeren

Zubereitung: Möhren schälen und in dünne Scheiben schneiden, salzen und 2 Stunden ziehen lassen. Das Wasser abschütten. Ziegenkäse in kleine Würfel schneiden. Möhren mit allen Zutaten (ohne den Käse) in eine Schüssel geben und gut durchmischen, mit Käse garnieren. Die roten Beeren klein schneiden und darüber streuen.

Tabascosalat mit Erdbeeren

Zutaten:

300 g Erdbeeren

1 grüne Paprika

1 große Zwiebel

1 kleiner Rettich

½ Bund Kräuter

2 TL Sambal Oelek

4 EL geh. Petersilie

2 TL scharfer Senf

2 TL Balsamico Essig

3 EL Olivenöl

3 Spritzer Tabasco

½ TL Currypulver und 1 TL Paprikapulver (scharf)

½ TL Salz und 2 Prisen Pfeffer

Zubereitung: Erdbeeren waschen und halbieren, Paprika schälen und das Kerngehäuse entfernen, in Streifen schneiden. Zwiebel schälen und in Ringe schneiden. Rettich schälen und in dünne Scheiben hobeln. Radieschen waschen, putzen und ebenfalls in dünne Scheiben schneiden. Olivenöl, Tabasco, Senf und Essig verrühren und mit den Gewürzen abschmecken. Alle Zutaten gut miteinander vermischen und mit den gehackten Kräutern bestreut servieren. Zum Schluss die Erdbeeren darüber legen.

Mangold mit Feta

Zutaten:

400 g Feta

300 g junger Mangold

2 Tomaten

1 Zwiebel

3 EL Kräuter

4 hart gekochte Eier

2 TL Sambal Oelek

2 EL Balsamicoessig

1 EL Zitronensaft

2 EL Olivenöl

½ TL Salz

3 Prisen Pfeffer

Zubereitung: Mangoldblätter waschen, in dünne Streifen schneiden. Tomaten waschen und in dünne Streifen schneiden. Eier vierteln. Zwiebel schälen, klein würfeln, in eine Schüssel geben. Mangold, Tomaten, Kräuter, Sambal Oelek, Essig, Zitronensaft, Salz, Pfeffer und Öl hinzu geben, mischen. Salat auf Tellern verteilen, Feta krümeln, auf dem Salat verteilen, Eier darauf geben.

Garnelen mit Mango

Zutaten:

400 g Spargel

500 ml Liter Gemüsebrühe

1 Mango

400 g Garnelen

½ Eisbergsalat

1 kleine Zwiebel, 3 Knoblauchzehen

½ TL Salz, 2 Prisen Pfeffer, 1 Prise Cayennepfeffer

1 MSP Koriander, 1 TL Senf, 2 EL Essig, 3 EL Olivenöl, 1 Zitrone

Zubereitung: Spargel schälen und in der Gemüsebrühe mit der halben Zitrone zum Kochen bringen und auf kleiner Stufe 5 – 8 Minuten garen. Eine Tasse Spargelbrühe aufheben. Den Spargel abkühlen lassen und mit Pfeffer und Salz würzen. Auf zwei großen Tellern anrichten. Die Teller mit ein paar Salatblättern auslegen. Mango dünn schälen und das Fruchtfleisch vom Kern schneiden und würfeln. Salat in grobe Streifen schneiden und mit der Mango mischen. Garnelen im Olivenöl 2 – 3 Minuten anbraten, die gewürfelten Schalotten und Knoblauchzehen dazugeben und kurz mitbraten. Garnelen mit Salz, Pfeffer, Cayennepfeffer und dem Koriander würzen. Den Salat mit der Mango (in die Pfanne) dazugeben und kurz durchschwenken. Auf dem Spargel verteilen. Für das Dressing den Essig mit dem Senf und dem Spargelfond verrühren, mit Salz, Pfeffer und Cayennepfeffer würzen. Olivenöl einrühren und Dressing über den Salat geben.

Zucchini mit Mango und Merguez

Zutaten:

2 Merguez-Würste

4 Zucchini

2 reife Mango

2 TL Sambal Oelek

2 EL Sojasoße

½ TL Salz

3 Prisen Pfeffer

½ TL Curry

2 EL Zitronensaft

2 schwache TL Zucker

2 EL Olivenöl

Zubereitung: Merguez-Würste in dünne Scheiben schneiden und kurz in einer Pfanne braten. Zur Seite stellen. Zucchini würfeln, Mango schälen und vierteln. Die Zucchini mit wenig Öl in einer Pfanne 3 – 4 Minuten braten, abkühlen lassen. Ein Viertel Mango in feinste Streifen schneiden. Aus den anderen Vierteln den Saft auspressen. Die Sojasoße mit dem Mangosaft verrühren und mit den Gewürzen abschmecken. Zum Schluss die Merguez-Scheiben darüber legen.

Zitronen-Fischsalat mit Croutons

Den Fisch muss man 10 Stunden marinieren

Zutaten:

500 g Fischfilet in 2 cm Stücke würfeln

½ Eisbergsalat

3 Tomaten (häuten und klein schneiden)

4 Frühlingszwiebeln (klein schneiden)

2 TL Curry, ½ TL Pfeffer, 1 TL Salz

2 Knoblauchzehen (zerdrückt)

200 ml Sahne

1 TL Ingwerwurzel (gehackt)

2 TL Sambal Oelek

2 Zwiebeln (in Ringe schneiden – für die Marinade)

Saft von 3 Zitronen

3 EL Kokosraspel

4 Weißbrotscheiben würfeln, vorrösten - 1 EL Butter

Zubereitung: Fisch mit Zitronensaft und dem Salz, Pfeffer, Ingwer und Zwiebeln belegen und im Kühlschrank 10 Stunden abgedeckt ziehen lassen. Knoblauch, Kokosraspeln, Frühlingszwiebeln mit der Sahne und dem Curry, etwas Salz und Pfeffer verrühren und 60 Minuten kalt stellen. Eine Schüssel mit Salatblättern auslegen. Die Kokos-Sahne Masse mit den Tomaten unter den Fisch heben und auf dem Salat anrichten. Weißbrotwürfel mit Butter in der Pfanne rösten und zum Schluss über den Salat geben.

Möhrensalat mit Merguez

Zutaten:

2 Merguez-Würste

500 g Möhren

1 grüner Paprika

1 Apfel

2 TL Sambal Oelek

½ TL frischen Ingwer (gehackt)

2 EL Zitronensaft

3 EL Olivenöl

1 EL Zucker

½ TL Zimt (gemahlen)

Zubereitung: Merguez-Würste in dünne Scheiben schneiden und in einer Pfanne zart anbraten. Zur Seite stellen. Möhren putzen, schälen und waschen. Apfel schälen, entkernen und mit den Möhren in eine Salatschüssel grob raspeln.

Für die Salatsoße: Zitronensaft, Olivenöl, Sambal Oelek, Ingwer, Zucker und Zimt verrühren. Salatsoße über die geraspelten Möhren mit Äpfeln gießen, gut durchmischen und kurz ziehen lassen. Zum Schluss die Würste darüber legen.

Chinakohl mit Crème fraîche

Zutaten:

Zirka 300 g Chinakohl

2 Möhren

200 g grüne Bohnen (aus dem Glas)

2 Frühlingszwiebeln

2 Knoblauchzehen

3 EL Zitronensaft

2 EL Kokosmilch und 2 EL Kokosflocken

4 EL Crème fraîche und 4 EL flüssige Sahne

1 EL Sonnenblumenöl

3 EL Erdnusscreme

1 EL Chilisoße und 1 TL Sojasoße

½ TL Salz, 2 Prisen Pfeffer, ½ TL Currypulver

2 EL gehackter Schnittlauch

4 Weißbrotscheiben würfeln, vorrösten - 1 EL Butter

Zubereitung: Chinakohl waschen, trocknen, in Stücke zupfen. Möhren waschen, schälen und in dünne Streifen schneiden. Frühlingszwiebeln klein würfeln und mit dem Chinakohl und Möhren in eine Schüssel geben. Den Knoblauch klein pressen. Mit den restlichen Zutaten in der großen Schüssel mischen und zirka 40 Minuten ziehen lassen. Mit dem Schnittlauch bestreuen. Weißbrotwürfel mit Butter in der Pfanne rösten und zum Schluss über den Salat geben.

Orangen mit Minze und Datteln

Zutaten:

3 Orangen

8 Datteln (entsteint & getrocknet)

5 Stiele marokkanische Minze

3 EL Mandelstifte

2 TL Olivenöl

½ TL Orientalische Gewürzmischung

1 TL Salz

2 EL Zitronensaft

½ TL gem. Zimt

2 TL Sambal Oelek

½ TL frischen Ingwer (gehackt)

Zubereitung: Orangen schälen, dabei die weiße Haut mit entfernen. Orangen entkernen, in mundgerechte Stücke schneiden, dabei den auslaufenden Saft auffangen. Die Orangenstücke in eine Salatschüssel geben. Datteln in kleine Stücke schneiden und zu den Orangen zufügen. Mandelstifte mit Olivenöl in einer kleinen Pfanne leicht anbräunen und beiseite stellen.

Für die Salatsoße: Aufgefangenen Orangensaft mit den Gewürzen und Zitronensaft verrühren. Die Soße über die Orangen- und Dattelstückchen träufeln und mit Zimt bestäuben. Die Minze waschen, trocken schütteln, Blätter ab- und zerzupfen und mit den gerösteten Mandeln über die Orangenstücke und kleingeschnittenen Datteln streuen.

Merguez-Sommersalat

Zutaten:

1 kleiner Eisbergsalat in dünne Streifen schneiden

400 g Merguez-Würste in dünne Scheiben schneiden

2 Fleischtomaten in kleine Würfel schneiden

½ TL Salz

2 Prisen Pfeffer

2 EL Zitronensaft

2 EL Gartenkräuter

3 hart gekochte Eier in kleine Würfel schneiden

1 Zwiebel sehr fein würfeln

200 ml Sahne

2 TL Sambal Oelek

2 EL Sonnenblumenöl

Zubereitung: Merguez-Würste braten, in dünne Scheiben schneiden. Alle Zutaten zusammen in eine Schüssel geben und mit den Gewürzen/Kräutern, Öl und Zitronensaft abschmecken.

Avocado mit Weißwein und Grapefruit

Zutaten:

3 Grapefruits

3 Avocados

200 ml trockener Weißwein und 3 EL Zitronensaft

1 unbehandelte Zitrone für die Scheiben

1 EL Tomatenmark

½ Eisbergsalat

1 Eigelb

4 EL Olivenöl

1 TL Senf

3 EL frisch geschnittener Schnittlauch

½ TL Chilipulver, ½ TL Salz, 3 Prisen Pfeffer

Zubereitung: Salat waschen, Blätter ganz lassen. Zitrone in Scheiben schneiden. *Für die Mayonnaise:* Eigelb, Senf, Öl, Salz und Pfeffer, miteinander verrühren, kühl stellen. Grapefruit halbieren, Fruchtfleisch herausschneiden, in eine Schüssel geben. Avocados halbieren, entsteinen, Fruchtfleisch in Würfel schneiden, mit der Grapefruit mischen und mit Zitronensaft und dem Wein beträufeln. Salz, Pfeffer, Chilipulver und Tomatenmark dazugeben, alles vorsichtig mit der Mayonnaise vermischen. Eine Glasschüssel mit den Salatblättern auslegen und den fertigen Salat darauf anrichten. Mit Zitronenscheiben garnieren und zum Ende den Schnittlauch darüber streuen.

Preiselbeeren mit Ziegenkäse

Zutaten:

1 Dose Schwarzwurzeln

300 g Ziegenkäse

300 g Preiselbeeren

1 grüne Paprika

1 Zwiebel

2 EL gehackte Kräuter

2 EL Mandelstifte

1 TL Senf

2 TL Sambal Oelek

2 EL Zitronensaft

3 EL flüssige Sahne

1 TL Salz, ½ TL Chillipulver, ½ TL Currypulver, 3 Prisen Pfeffer

Zubereitung: Paprika schälen, Kerngehäuse entfernen und in Streifen schneiden. Zwiebel putzen und in Ringe schneiden. Schwarzwurzeln in einem Sieb abtropfen lassen. Kräuter waschen und klein hacken. Ziegenkäse würfeln. Gemüse, Kräuter, Käse und Mandelstifte in einer Schüssel vermischen. Aus der Sahne, Senf, Zitronensaft, Olivenöl und Gewürzen ein Dressing herstellen und über den Salat geben. Alles miteinander durchmischen. Zirka 1 Stunde im Kühlschrank durchziehen lassen. Erst bei Verzehr die Preiselbeeren darüber geben.

Brokkoli mit Ziegenkäse

Zutaten:

300 g Ziegenkäse

300 g Kohlrabi-Stifte (aus dem Glas)

1 großer Brokkoli

2 Möhren

2 TL Sambal Oelek

500 ml fertige Gemüsebrühe

3 EL Parmesan-Käse

3 EL Zitronensaft

1 EL Zucker

3 Prisen Pfeffer, 1 TL Salz

2 EL Olivenöl

Zubereitung: Gemüsebrühe zubereiten. Brokkoli, Möhren waschen in Würfel schneiden und für zirka 8 Minuten zu der Gemüsebrühe garen. Kohlrabi-Stifte abtropfen lassen und in eine Schüssel geben. Von der Gemüsebrühe zirka eine Tasse darüber geben. Abgetropfter Brokkoli und die Möhren dazu geben und den Parmesan Käse untermischen. Ziegenkäse würfeln, hinzugeben. Mit Zitronensaft, Zucker, Olivenöl und Pfeffer, Salz und Sambal Oelek abschmecken.

Eisbergsalat mit Merguez

Zutaten:

1 kleiner Eisbergsalat (waschen)

3 Merguez-Würste

5 EL Butter

1 EL Olivenöl

2 EL gemahlene Mandeln

200 ml Sahne

2 TL Sambal Oelek

1 EL Zucker

½ TL Salz

Je 3 Prisen Pfeffer, Cayennepfeffer

3 EL gehackte Walnüsse

200 g geriebener Käse

Zubereitung: Merguez-Würste in dünne Scheiben schneiden und in einer Pfanne mit 1 EL Öl 5 Minuten braten, zur Seite stellen. Salatköpfe vierteln in eine mit Butter eingepinselte Backform schichten. Sahne, Gewürze, Merguez, Walnüsse mischen und über den Salat geben, anschließend den Käse, gemahlene Mandeln und ein paar Butterflocken darüber streuen. Bei 200 Grad im Backofen zirka 18 Minuten backen.

Rucola mit Rote Bete

Zutaten:

2 Merguez-Würste

350 g Rote Bete Scheiben (Glas)

300 g Rucola-Salat

1 großer Apfel

1 Zwiebel

3 EL gekackte Walnüsse

2 EL Balsamicoessig

2 EL Zitronensaft

1 EL Zucker

2 EL Olivenöl

½ TL Salz, ½ TL Pfeffer

Zubereitung: Merguez-Würste in dünne Scheiben schneiden, in einer Pfanne kurz anbraten, zur Seite stellen. Rote Bete abtropfen lassen. Apfel schälen, in feine Streifen schneiden. Zwiebel schälen, in feine Ringe schneiden. Alles in eine Schüssel geben. Öl, Essig, Zitronensaft und Gewürze darüber geben und gut durchmischen. Rucola waschen und auf zwei Teller verteilen. Darauf geben Sie die Rote Bete Mischung und bestreuen diese mit den Walnüssen. Zum Schluss die Merguezscheiben darüber legen.

Feldsalat mit Paprika

Zutaten:

500 g Feldsalat

3 Paprikaschoten

1 Apfel

4 Scheiben Weißbrot

2 EL Butter

400 g Feta

3 EL Mayonnaise

2 EL Balsamicoessig

2 EL Zitronensaft

1 EL Zucker

3 EL Olivenöl

½ TL Salz, 3 Prisen Pfeffer

4 gekochte Eier

3 EL Schnittlauchröllchen

Zubereitung: Weißbrot in Würfel schneiden und mit Butter in der Pfanne rösten, zur Seite stellen. Feldsalat waschen auf 2 Teller verteilen. Eier vierteln und auf dem Salat verteilen. Paprikas waschen und in Würfel schneiden. Apfel schälen und in Würfel schneiden. Paprikas und Äpfel mit Mayo, Öl, Zitronensaft, Essig, Zucker und den Gewürzen verrühren und auf dem Salat verteilen. Fetakäse zerkrümeln und mit dem Schnittlauch und den Weißbrotwürfeln über dem Salat verteilen.

Weißkrautsalat mit Merguez

Zutaten:

2 Merguez-Würste

1 kleiner Weißkohl

1 TL Salz

1 EL Zucker

½ TL frischer gewürfelter Ingwer

1 rote Chilischote

1 TL Kümmel

4 EL Zitrone

4 EL Öl

2 EL geröstete Sonnenblumenkerne

Zubereitung: Merguez-Würste in dünne Scheiben schneiden, in der Pfanne mit 1 EL Öl zart braten, zur Seite stellen. Weißkraut putzen, vierteln, den Strunk herausschneiden. Kohl in sehr feine Streifen schneiden oder raspeln. Salz und Pfeffer mit den Händen unterkneten. Ingwer schälen, sehr fein hacken. Chilischote längs halbieren, entkernen, fein schneiden. Ingwer, Chili, Kümmel, Zitronensaft und 3 EL Öl mit dem Kohl mischen und ziehen lassen. Vorm Servieren mit Salz abschmecken und mit gerösteten Sonnenblumenkernen bestreuen. Zum Schluss die Merguezscheiben darüber legen.

3 Rezepte aus dem Kochbuch:
LOW-CARB (555 Rezepte/BEST OF)

Mit freundlicher Genehmigung von den

Jutta Schütz

Verlag: Books on Demand

Paperback - 244 Seiten - € 9,99

ISBN 978-3-7386-3677-2

Jalapeño Rinderhack-Frikadellen

Zutaten:

600 g Rinderhack

3 Jalapeño

2 Zwiebeln

1 Möhre

2 EL gehackte Kräuter

200 g Quark (40%)

4 EL Olivenöl

1 TL Knoblauchsalz

3 Prisen Cayennepfeffer

Zubereitung: Jalapeños waschen und in kleine Würfel schneiden. Zwiebeln und die Möhre schälen und würfeln. Hackfleisch, Jalapeños, Zwiebel, Kräuter sowie Quark gut vermischen und mit Knoblauchsalz und Cayennepfeffer würzen. Olivenöl in einer Pfanne erhitzen. Hackmasse zu Frikadellen formen und bei mittlerer Hitze von beiden Seiten ca. 10 - 15 Minuten goldbraun durchbraten.

Rindfleischspieße mit Erdnuss-Soße

Zutaten:

700 g Rinderlende (in kleine Scheiben schneiden)

5 kleine Zwiebeln (klein schneiden)

3 Knoblauchzehen (zerdrücken)

5 Stangen Zitronengras (klein schneiden)

Je 1 TL gemahlener Koriandersamen, Ingwer und Kümmel

½ TL Salz, 2 – 3 Prisen Pfeffer

Zubereitung: Fleischscheiben mit den Zutaten mischen und eine Stunde marinieren. Fleischscheiben auf Holzspieße (geölte) stecken und 7 Minuten grillen. Öfters wenden und mit Öl einpinseln.

Zutaten: Erdnuss-Soße: 7 EL Erdnussöl, 1 kleine Zwiebel, 2 EL getrocknete Zwiebeln, 2 Knoblauchzehen (zerdrücken), 2 TL Sambal Oelek, ½ TL Shrimp-Paste, 4 EL Erdnussbutter (ohne Zucker), ½ TL Salz, 2 – 3 Prisen Pfeffer, 2 EL Sojasoße, Ein paar Spritzer flüssiger Süßstoff, 1 EL Zitronensaft

Zubereitung: Öl erhitzen und die Zwiebel darin goldgelb braten, abtropfen lassen. 2 EL Öl in die Pfanne und den Knoblauch, Shrimp-Paste und den Sambal Oelek darin anbraten. Die Erdnussbutter und 1/8 Liter Wasser zufügen und ein paar Minuten kochen lassen. Die Soße mit den Gewürzen abschmecken und die Zwiebelflocken unterrühren.

Rinderlende mit Ingwer und Knoblauch

Zutaten:

750 kg Rinderlende

50 g frische Ingwerwurzel in dünne Scheiben schneiden

3 kleine Zwiebeln klein würfeln

4 Knoblauchzehen feinhacken

3 EL Öl, 2 TL Salz

3 Prisen Pfeffer

2 EL Currypulver

Zitronensaft von einer halbe Zitrone

200 ml Sahne

200 g Bambussprossen

Zubereitung: Fleisch in 1 cm dicke Scheiben schneiden und mit dem Öl und den Gewürzen mischen. Für die Soße: Zwiebeln/Knoblauch in Öl braten. Ingwer, Zitronensaft und die Sahne dazu geben und 10 Minuten garen. Soße warm stellen. Fleisch mit etwas Öl in der Pfanne anbraten und die Soße dazu geben und 5 Minuten kochen lassen. Dann die Bambussprossenscheiben unterrühren und noch mal 5 Minuten kochen lassen.

2 Rezepte aus dem neuen Kochbuch: Histaminarmes LOW CARB

Mit freundlicher Genehmigung von Autorin Jutta Schütz

Verlag: Books on Demand

ISBN 978-3-7386-3745-8 für € 4,99

Menschen mit Histaminintoleranz leiden nach dem Genuss bestimmter Nahrungsmittel zum Beispiel an: Hautausschlag, Hautrötung, Quaddeln und Schwellungen, Nesselsucht (Urtikaria), und vielen anderen Krankheiten. Auch Zusatzstoffe in Lebensmitteln spielen eine große Rolle bei Histaminintoleranz. So können einige Zusatzstoffe eine erhöhte Histaminfreisetzung im Körper bewirken.

Hackfleisch-Pizza mit Schmand

Zutaten:

500 g Hackfleisch

1 Dose Champignons

4 Scheiben Koch-Schinken

4 Scheiben jungen Gouda oder Butterkäse

1 Becher Schmand (zirka 200 g)

½ TL Currypulver

½ TL Paprikapulver (süß)

½ TL Salz

3 Prisen Pfeffer

3 EL Sonnenblumenöl

Zubereitung: Öl auf ein Backblech geben und das Hackfleisch darauf geben und glatt streichen. Schmand darauf verteilen.

Mit Salz, Pfeffer, Curry- und Paprikapulver würzen. Champignons darauf geben.

Koch-Schinken in Würfeln schneiden, darauf geben und mit dem Käse belegen.

Im Backofen bei 180 Grad zirka 40 Minuten backen.

Nach zirka 20 Minuten kontrollieren, ob abgedeckt werden muss, damit der Käse nicht verbrennt.

Butter-Quark-Brötchen

Zutaten:

250 g Butter schmelzen und abkühlen lassen

250 g Quark

7 Eier

200 g Eiweißpulver (Teig muss sich formen lassen)

1 Tütchen Backpulver

3 – 4 Prisen Salz

Zubereitung: Alle Zutaten mischen und Apfelgroße Brötchen formen. Auf das Backblech (mit Backpapier) legen und bei 200 Grad 20 – 30 Minuten backen.

INFO: Eiweißpulver (Proteinpulver) als Mehlersatz

Das Eiweißpulver ist das Multitalent der kohlenhydratreduzierten Küche. Eiweißpulver als Mehlersatz wird immer beliebter in der Low Carb Ernährung, das Pulver hat je nach Firma einen Kohlenhydratwert von zirka 0,8 bis 5,0 pro 100 g.

Das Eiweißpulver wird von Sportlern „eigentlich" für den Muskelaufbau benutzt, es eignet sich aber auch sehr gut zum Backen und Kochen in einer kohlenhydratarmen Ernährung. Man bekommt dieses Pulver in allen möglichen Geschmacksrichtungen (auch mit neutralem Geschmack) und kaufen kann man es in Sportgeschäften, Bodybuildershops, großen Supermärkten und Reformhäusern. Es gibt nur sehr wenige Low Carb Bücher auf dem Markt in Deutschland „mit Eiweißpulver-Rezepten" und diese Kochbücher von Beuke und Schütz unterscheiden sich von den üblichen Low Carb Büchern. Ihre Rezepte sind in der Regel schnell und unkompliziert umzusetzen und man kann ohne schlechtes Gewissen genießen.

Low Carb Körnerbrot ohne Gluten

Menge: Ergibt 10 Brote à 400 g / Pro Brot 8 - 10 Scheiben Pro 1 Scheibe = 12 KH

Mit freundlicher Genehmigung von der Autorin Jutta Schütz

Zutaten: 500 g Sesamkörner, 500 g Leinsamen, 200 g Sonnenblumenkerne, 600 g gem. Mandeln, 700 g Eiweißpulver, 6 Päckchen Trockenhefe, 1 gehäufter EL Salz, 6 Eier, 250 ml Sonnenblumenöl, 750 g sehr warmes Wasser

Zubereitung: Eine sehr große Schüssel nehmen, alle trockenen Zutaten (auch die Trockenhefe) hinein geben und gut durchmischen. Anschließend alle nassen Zutaten hinzu geben und gut durchkneten. Der Teig bröselt etwas. Auf einer Waage je 400 g abwiegen und zu einer länglichen (Durchmesser: ca. 7 - 8 cm) Rolle formen. Die Rolle ist ca. 13 - 15 cm lang. Auf ein Backblech (mit Papier auslegen, NICHT einfetten) passen 6 Brote. Backzeit: zirka 45 Minuten bei 180 Grad. Jedes Brot in ca. 8 - 10 Scheiben schneiden und einfrieren (Zwischen jede Scheibe ein kleines Stück Alufolie legen).

Frisch hält sich das Brot zirka 3 - 4 Tage (Im Kühlschrank). Gefroren nach Bedarf auf den Toaster legen und jede Seite einmal toasten.

Tipp: Bestreichen Sie ein paar Scheiben des Brotes leicht mit Schmand und legen es auf ein Backblech (mit Backpapier). Mit Gewürzen wie: Etwas Salz, Pfeffer, (wenig Paprika und Pizza-Gewürz) würzen und dann mit jungem Gouda im Backofen bei 160 Grad 10 Minuten überbacken. Dazu Salat reichen.

Buchtipp:

Jutta Schütz

Der Orient zieht sich fast um den halben Globus und umfasst den Nordafrikanischen Raum, den Nahen Osten und den Mittleren Osten. Die drei Weltreligionen, Christen- und Judentum und der Islam haben ihre Ursprünge im Orient.

Die kohlenhydratarme Ernährung „Low Carb" verzichtet auf Produkte wie Zucker, Kartoffeln, Reis, Brot und Nudeln. Wie man die Low Carb Philosophie im Alltag in Rezepte umsetzen kann, können Sie sich in unseren Büchern ansehen.

Wer Ratgeber oder Sachbücher schreibt, sollte das Wissen so aufbereiten, dass ihn auch Laien verstehen können. Die Bestseller-Autorin „Jutta Schütz" hat die Voraussetzung, Fachwissen kompakt zusammen zu fügen und dieses verständlich zu erklären. Dabei ist es wichtig, das Wissen eines Laien im Auge zu behalten. Sie hat schon mehrere Kochbücher und Ratgeber geschrieben und der Erfolg gibt ihnen Recht. Wer sich einem bestimmten Thema widmet, muss stets ein Stück weit über den Tellerrand hinausschauen.

Scheherazades LOW CARB Rezepte (Jutta Schütz)

ISBN-13: 978-3735737519 (Verlag: Books on Demand)

Große Buchreihe "SCHEHERAZADE"
Rezepte aus 1001 Nacht

Ein Autorenkreis widmet sich der orientalischen Kochkunst.

Eine fortlaufende Kochbuchserie mit dem Haupttitel „Scheherazade" - ein Hauch von 1001 Nacht - ist angelaufen. Viele verschiedene Autoren beteiligen sich nacheinander an diesem Großprojekt, die auf einer Idee von der bekannten Autorin Jutta Schütz basiert. In der Einleitung erzählt die Autorin Schütz (in jedem Buch zu finden) kurz die Geschichte von Scheherazade. Sie basiert auf einer alten persischen Märchensammlung mit dem Namen Hezâr Afsâna, Tausend Mythen. Anschließend kommen die Rezepte des Autors.

www.jutta-schuetz-autorin.de

und schon viele Bücher mehr...

Die Erfinderin der Scheherazade-Bücher
"Jutta Elisabeth Schütz"
wurde im Saarland geboren.

www.jutta-schuetz-autorin.de

Sie schreibt Bücher, die anspornen, motivieren und spezielles Insider-
wissen liefern. Sie hat bis heute über 100 Bücher geschrieben und an
vielen anderen Büchern mitgewirkt. Zudem hilft sie als Mentorin und
Coach vielen Neuautoren bei der Veröffentlichung ihrer Bücher.

Als Journalistin schreibt Schütz für viele Verlage und Zeitungen. Ihre
Themen sind: Gesundheit, Psychologie, Kunst, Literatur, Musik, Film,
Bühne, Entertainment.

Außerdem ist Jutta Schütz Mitglied und Funktionsträger der Literaten-
Vereinigung "Die Gruppe 48". Diese Gruppe hat sich der Förderung
guter deutscher Literatur verschrieben. Sie wurde am 13. Februar 2016
gegründet und sieht sich als Nachfolge der legendären Gruppe 47.

www.die-gruppe-48.net

Weitere Informationen zur Autorin und ihren Büchern findet man in den Verlagen:
Rosengarten-Verlag, FIT GESUND SCHOEN, BoD und tredition Hamburg, sowie
im Kultur-Netzwerk: (Kommunikationsplattform für Kunst, Literatur, Musik, Film,
Bühne, Entertainment und Medien)